SP
921
CER

Iturralde, Edna

Conoce a Miguel de Cervantes

DATE DUE			

ALFAGUARA

Conoce a Miguel de Cervantes

Edna Iturralde
Ilustraciones de Gastón Hauviller

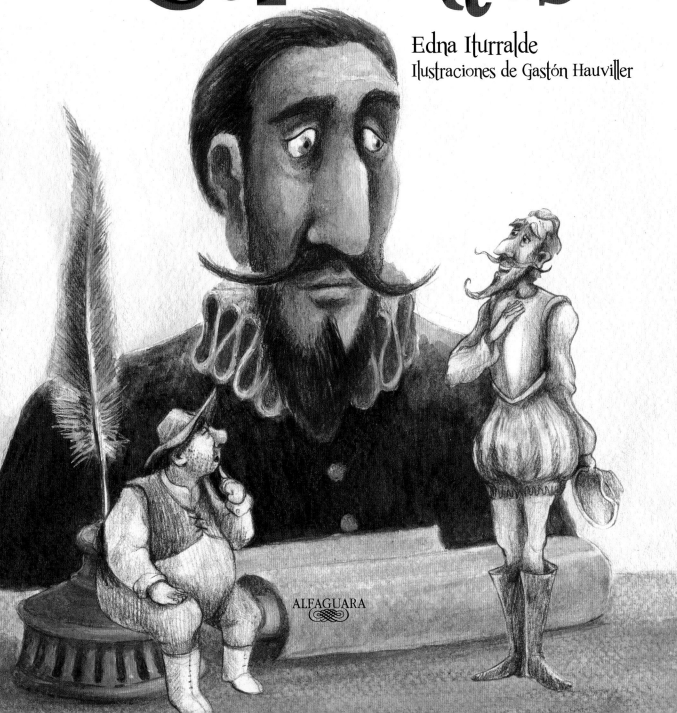

ALFAGUARA

A mi abuelo, Charles De Howitt (papá Chas), que tenía
el corazón de Quijote, con amor y agradecimiento

Cuenta una historia de caballeros andantes que había uno de mucha fama llamado don Quijote de la Mancha (por haber nacido en aquella región de España). Cabalgaba en un caballo flaco y viejo de nombre Rocinante. Lo acompañaba Sancho Panza, que se suponía era su escudero, pero que de escudero sólo tenía el título (dado por el mismo caballero), puesto que no llevaba ni escudo ni lanza. Era un simple campesino bonachón e ingenuo que, atraído por los sueños de aventura de don Quijote, lo seguía montado en un asno.

—Te juro, Sancho, por mi amor a mi señora Dulcinea del Toboso, que esto es una nueva treta del mago Frestón, mi enemigo, para hacerme quedar mal —se quejó don Quijote mientras desmontaba.

Sancho Panza, que se hallaba buscando en el morral algunos mendrugos de pan y una cebolla para desayunar, volteó a verlo con preocupación. Durante la noche habían vivido una de las pocas aventuras en las que salieron con suerte y, por lo tanto, no entendía la actitud de su amo.

—¡Pero si logramos vencer en la Sierra Morena a aquellos grandes ejércitos que su señoría descubrió que no eran ovejas, a pesar de que lo parecían y mucho, sino soldados que venían a atacarnos! — repuso Sancho ofreciéndole la mitad de la cebolla a don Quijote.

7

—No, Sancho, no me refiero a esos bandidos de los que dimos buena cuenta, sino que recordé la historia que nos contaron en días anteriores —confesó don Quijote quitándose la palangana de latón dorado que usaba como casco—. Que ese escritor don Miguel de Cervantes Saavedra dice que no somos reales sino producto de su imaginación.

—Ah, claro, lo recuerdo. No le ponga atención al asunto, mi señor. Que se lo digo yo, que tengo un primo cuentero que hace historias de un grano de arena, convirtiéndolo en una montaña para quedar de listo, pero nadie le cree nada.

—¡No hables necedades, Sancho! Este del cual nos hablaron es un escritor, no es ningún cuentista de pueblo. Yo lo conozco y hasta nos parecemos en lo enjutos de rostro, en la nariz aguileña y los bigotes largos.

—Entonces, si este escritor lo conoce, sabrá que vuestra merced existe en carne y hueso, o mejor dicho en huesos, por eso lo llaman "El Caballero de la Triste Figura" —insistió Sancho mientras le quitaba la montura a su jumento para que fuera a pastar.

—Así es. Sin embargo, el mago Frestón se debe haber metido en la mente de Cervantes para que negara mi existencia real y verdadera, la tuya y la de mi señora, la hermosa dama Dulcinea del Toboso —aseguró don Quijote, acariciando sus bigotes como lo hacía cuando se preparaba para relatar algo importante.

Sancho, lleno de curiosidad, pidió a su amo que le contara sobre su amistad o enemistad con aquel escritor "Cerveros Saanbeno" al cual dijo que ya le había cogido mucha antipatía.

—Sancho, te digo que se apellida Cervantes Saavedra, y será mejor que recuerdes su nombre y no lo cambies, ya que con el único otro con el que se lo conoce es "El manco de Lepanto". Resulta que este apodo lo obtuvo porque perdió el movimiento de su mano izquierda durante una batalla contra los moros, frente a las costas de Lepanto, en la cual participó a pesar de estar enfermo con unas grandes fiebres.

Sancho Panza se sentó sobre una piedra, ansioso por escuchar el resto de la historia.

—Tengo que reconocer que Cervantes es un hombre valiente. Apenas se recuperó de sus heridas, volvió a su vida militar en la marina. Entonces, en un viaje a bordo de la galera Sol, fue capturado por los moros junto a su hermano y pasó cinco años en prisión. Durante esos años escribió relatos y comedias, y nunca dejó de planear su fuga. Casi lo logró cuatro veces, pero en todas las ocasiones lo capturaron —contó don Quijote.

—Ya ve, su señoría, ese Cervantes por andar escribiendo no supo hacer bien las cosas —se burló Sancho.

—¡Calla, infeliz! —reclamó don Quijote—. Sus intentos fallaron porque lo traicionaron sus cómplices. Sin embargo, él se declaró como el único responsable, sin delatar a ninguno de sus compañeros de prisión. La primera vez, como castigo, lo encadenaron durante cinco meses. Al segundo intento, le impusieron la pena de recibir dos mil palos, y lo mismo sucedió las otras veces.

—¿Y qué pasó con el hermano? —quiso saber Sancho.

—La madre de Cervantes actuó como actuaría mi señora Dulcinea: desesperada, ofreció pagar un rescate, pero alcanzaba sólo para un hijo. Así que Cervantes prefirió que su hermano saliera libre mientras él se quedaba en prisión atado con cadenas y grilletes.

—Pero, ¿al fin salió libre o llegó a fugarse? —Sancho, que sentía que la antipatía por aquel escritor se le disolvía, preguntó con verdadero interés.

Don Quijote contó que lograron reunir el dinero del rescate con la ayuda de unos frailes y que Cervantes por fin quedó libre.

17

Don Quijote suspiró antes de continuar:

—No terminó allí su mala fortuna, pues Cervantes fue nombrado cobrador de impuestos...

—Esa sí que es mala suerte. Yo lo sé —Sancho iba a añadir que por experiencia, pero se contuvo—. Nosotros les lanzamos, digo, *la gente* les lanza de todo, tomates, huevos podridos y hasta piedras, cuando van a cobrar.

—Pues a Cervantes lo lanzaron a la cárcel por algún embrollo de dineros. Dicen que asegura que desde allí se inventó mi existencia y ha publicado mi historia en un libro titulado *El ingenioso hidalgo don Quijote de la Mancha* —la voz de don Quijote tembló con indignación mal contenida.

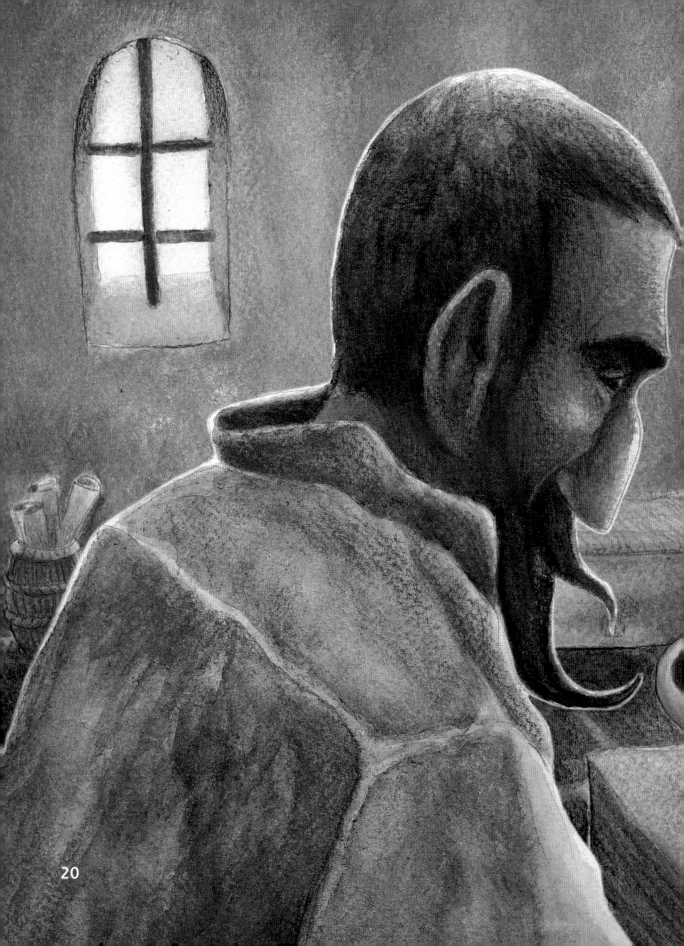

—¡Qué desvergonzado! ¡A mí ni me ha mencionado en el título! —dijo Sancho enfurecido, y se comió el resto de la cebolla de un solo bocado.

Don Quijote prefirió no hacer ningún comentario, y continuó con su relato.

—Pues Miguel de Cervantes ya había escrito varias obras y…

—¿Y quien le habló de nosotros? —interrumpió Sancho.

—¡Ay, Sancho! Seguramente Merlín el mago, o algún otro hechicero malvado, debió transportarme a esa cárcel por medio de algún encantamiento; en una alfombra mágica o utilizando otro truco, y allí pude haber sido yo mismo quien le contara todo. ¿De qué otra forma iba a saberlo Cervantes? Y él me habrá contado su historia. ¿De que otro modo podría yo haberla conocido?

Sancho aceptó que su señor tendría razón, ya que a él
mismo le constaban todas las cosas extrañas que había
vivido debido a la maldad de aquellos magos que
transformaban las cosas. Y esto le recordó su primera
aventura, cuando don Quijote se lanzó a luchar
contra los gigantes que él, Sancho, vio
con sus propios ojos que parecían
molinos de viento.

—También comentaron que Cervantes ha escrito un segundo tomo sobre nosotros que ha titulado *El ingenioso caballero don Quijote de la Mancha*. Por lo menos ya reconoce mi título de caballero —dijo don Quijote, meneando la cabeza.

—Ah, otro libro. ¡Y nada que menciona mi nombre en el título! ¡Vaya mala intención! ¡O lo hace por olvido o por buscarme bronca! Y juro por mi asno que se la daré si escribe un tercero y también olvida incluirlo —amenazó Sancho alzando el puño.

—Ahora Miguel de Cervantes está dedicado a escribir obras de teatro que parece que no han tenido buen resultado. Pero sus novelas y cuentos, sí. Algunos son picarescos. Dicen que son muy buenos y entretenidos. Que hacen reír y soñar —añadió Don Quitote con un bostezo. Ya estaba cansado de tanta conversación y por la mala noche pasada.

Al ver que don Quijote se ablandaba, Sancho trató de picarlo nuevamente en su amor propio...

—Todo podrá ser, pero vuestra merced olvida que también dijeron que Cervantes asegura que usted está loco de remate por todos los libros de aventuras de caballeros andantes que ha leído, y que yo soy un tonto de capirote por seguirle la corriente.

Don Quijote se acarició los bigotes, pensativo.

—Sancho, amigo y escudero mío, hoy me siento iluminado. Escucha: mientras la gente continúe leyendo nuestra historia, seremos reales, sin importar que nos tomen por locos o tontos. ¡Tan reales como estos árboles y estas montañas! Quizás Miguel de Cervantes Saavedra nos inventó o quizás nosotros lo inventamos a él.

Y tras esta conclusión, don Quijote montó en Rocinante y Sancho Panza en su asno, y partieron en busca de nuevas aventuras.

Edna nos habla de Miguel

Imagínate poder conversar con un escritor tan importante como Miguel de Cervantes Saavedra. ¡Cuántas cosas podríamos preguntarle! A mí me gustaría saber, por ejemplo, de dónde sacó el nombre de don Quijote. Dicen que cuando se casó con Catalina Salazar fue en un pueblo de la región de La Mancha, cerca de Toledo, y que allí conoció a un señor de apellido Quijada. En la historia de don Quijote, Cervantes cuenta que el nombre verdadero del personaje que soñaba con ser un caballero andante era Alonso Quijano y que vivía en "algún lugar de La Mancha". ¿Te parece una coincidencia?

Cervantes nació en Alcalá de Henares, cerca de Madrid (España), en octubre de 1566. Se cree que fue el día 29 ya que ese es el día de San Miguel y era la costumbre ponerles a las personas el nombre del santo de su nacimiento. Cervantes se interesó en ser escritor desde joven, pues estudió gramática y literatura en una escuela de jesuitas. A los 20 años de edad, escribió su primer *soneto*, que es una poesía compuesta en catorce versos de once sílabas y organizados en cuatro estrofas. ¡Qué complicado! Cervantes dedicó este soneto a la reina Isabel de Valois y con esto dejó probada su destreza como poeta.

Como escritor tuvo mucho éxito, aunque en el teatro le fue mal. El público pensaba que sus obras eran algo anticuadas, ¡y eso hace más de 400 años! ¡Pobre Cervantes! Entonces, desilusionado, pidió que lo mandaran a las Indias, es decir a América, mas el permiso le fue negado. Desde ese momento se dedicó a escribir muchas novelas. Pero la obra que lo volvería famoso fue precisamente *El Quijote*, publicada en dos tomos.

A pesar de que con el tiempo *El Quijote* se convirtió en una obra importantísima, que todavía hoy se lee y se estudia, Cervantes nunca tuvo dinero y siempre vivió en una situación bastante precaria, pues la mayoría de sus libros se publicaron durante su vejez. Murió el 23 de abril de 1616 dejando de legado para toda la humanidad una obra maravillosa.

Cervantes escribió hasta el final de su vida. Su último libro, que fue publicado después de su muerte, se titula *Los trabajos de Persiles y Sigismunda* (¡vaya nombrecitos!). Cuatro días antes de morir escribió su dedicatoria, para el conde de Lemos, que lo había apoyado mucho. Despidiéndose de él, dice así:

Puesto ya el pie en el estribo,
con ansias de la muerte,
gran señor te escribo.

Glosario

bonachón: Que tiene carácter tranquilo y amable.

bronca: Pelea o discusión fuerte o violenta.

caballero andante: Caballero que dedicaba su vida al ideal de justicia y defensa de los desprotegidos o necesitados.

capirote: Gorro alto en forma de cono que se les ponía a los condenados a muerte en tiempos de la Inquisición para humillarlos.

cómplice: Persona que ayuda a cometer un delito.

constar: Tener la seguridad de que algo es cierto.

delatar: Acusar al que ha cometido una falta o delito.

embrollo: Lío, enredo.

enjuto: Flaco.

escudero: Persona que acompañaba a un caballero, le llevaba las armas y le servía.

galera: Barco antiguo de vela y remo.

hidalgo: Noble de categoría más baja dentro de la antigua nobleza española.

iluminado: Que cree poseer la verdad absoluta y tener conocimientos superiores a los de los demás.

indignación: Gran enojo que produce alguna cosa mala o injusta.

ingenioso: Que tiene una gran capacidad para inventar cosas o para pensar y hablar con gracia.

ingenuo: Que cree todo lo que le dicen.

jumento: Asno, burro.

mendrugo: Trozo de pan duro.

moro: Árabe, musulmán.

necedad: Tontería, bobada.

palangana: Plato hondo y grande que se usa para lavarse o para lavar cosas.

palos: Golpes que se dan con un trozo de madera alargado (palo).

picaresco: De las obras literarias cuyo protagonista es un pícaro, es decir, una persona astuta que sabe engañar a los demás sin que se note.

traicionar: Hacer algo malo a alguien que confiaba en nosotros.

treta: Engaño o acción astuta que emplea una persona para conseguir algo.

vuestra merced: Forma de respeto para dirigirse a una persona que se usaba antes con un significado parecido al de *usted*.

PRISA EDICIONES

© De esta edición:
2012, Santillana USA Publishing Company, Inc.
2023 NW 84th Avenue
Doral, FL 33122, USA
www.santillanausa.com

© Del texto: 2012, Edna Iturralde de Kernan

Editora: Isabel Mendoza
Ilustraciones: Gastón Hauviller
Dirección de arte: Jacqueline Rivera
Diseño y diagramación: Mauricio Laluz
Diseño de portada: Mónica Candelas
Retrato de Cervantes en contraportada: Grabado de Célestin Nanteuil,
Biblioteca Nacional, Madrid, siglo XIX. Foto de Algar.

Alfaguara es un sello editorial del **Grupo Santillana**. Éstas son sus sedes:

ARGENTINA, BOLIVIA, BRASIL, CHILE, COLOMBIA, COSTA RICA,
ECUADOR, EL SALVADOR, ESPAÑA, ESTADOS UNIDOS, GUATEMALA,
MÉXICO, PANAMÁ, PARAGUAY, PERÚ, PORTUGAL, PUERTO RICO,
REPÚBLICA DOMINICANA, URUGUAY Y VENEZUELA.

Conoce a Miguel de Cervantes
ISBN: 978-1-61435-346-1

Published in the United States of America
Printed in Colombia by D´vinni S.A.

17 16 15 14 13 12   1 2 3 4 5 6 7 8 9 10